The
TIME FOR PRAYER
Program
זְמַן לִתְפִילָה

BOOK 1: בְּרָכוֹת

AN EIGHT-WEEK READING REVIEW BOOK

Dina Maiben and Hillary Zana

© A.R.E. Publishing

Dear Student,

Last year you learned all the skills needed for Hebrew reading. This year you're going to put those skills to use by learning Jewish prayer.

Our study of prayer begins with blessings. (We have blessings for almost *everything*!) For the next six lessons, you're going to sharpen your Hebrew skills and discover how our people use blessings to express thanks for the wonders of our world.

So let's get started by polishing up some of the skills you learned last year.

LESSON **1**: *The Sweet Smell of Blessings* שִׁעוּר **1**

דַּף קְרִיאָה
READING PAGE

FOCUS ON PHONICS: א בּ ג ד ה מ צ שׁ תּ ת ָ ַ ִ

KEY WORDS YOU SHOULD KNOW

שַׁבָּת	דָּג	אַבָּא	אִמָּא	מַצָּה	הַגָּדָה

1. שָׁ בָּ הַ צַ גּ תּ
2. מַת שָׁת בַּת צַד אִד תִּד
3. מִג בִּג אָג אָשׁ גַּשׁ מַשׁ
4. תַּת דַּת בָּא צָא הִת הַשׁ
5. אַתָּה הַדָּג הַבַּת אִשָּׁה מִצָּה גִּשָּׁה
6. דִּמָּה גָּשִׁשׁ תָּמִד גָּמִשׁ הַגָּדָה
7. הָאַבָּא הָאִמָּא הַמַּצָּה הַשַּׁמָּשׁ הִצִּג

3 LESSON 1

Sometimes a dot inside a letter does not change its sound.

Become a Super Reader. Practice reading these words.

1. מַצָּה

2. אַתָּה

3. אִמָּא

HAVDALAH MAZE

Shabbat has just ended. But the beautiful spice box that your great-grandparents brought from the old country has been misplaced in the attic. Find your way through the maze to complete the Havdalah set. Begin in the attic (under the chimney) and read every word on your path.

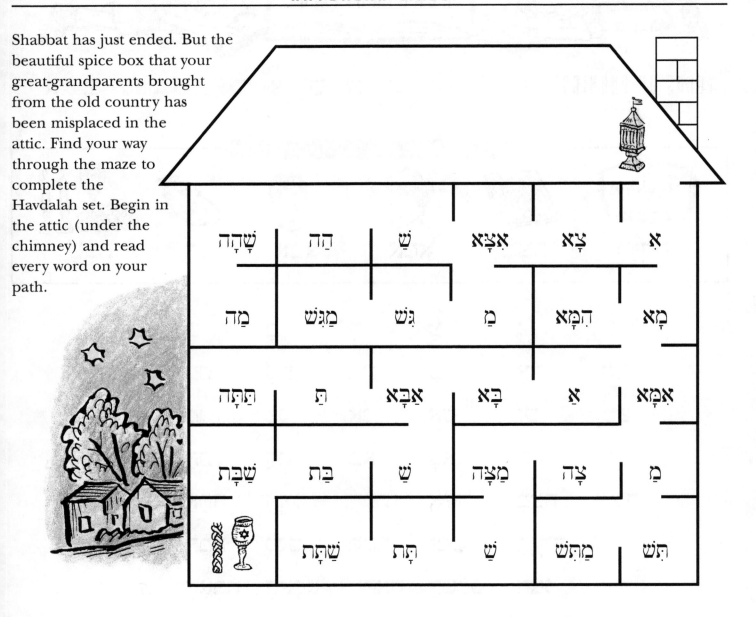

FOUR IN A ROW

Play this game with a partner or class teams. One is X, the other is O. Take turns reading the Hebrew in any box below. If you read correctly, mark the box with your X or O. The first to get four boxes in a straight line in any direction is the winner.

אָ	תָ	הַצָּתָה	מַ	דַ	הָאִשָּׁה
הַבָּאָה	הַשַּׁבָּת	בָּא	גַּג	בַּת	דָּג
צַד	צִדָּה	מַה	מִד	בָּדָה	בָּגַד
אָשָׁשׁ	בָּה	צַמָּה	צָמָא	בָּדָה	בִּדָּא
דִּמָּה	גָּמָא	גַּבָּה	תָּג	דִּשׁ	דָּת
תָּשַׁשׁ	תָּמַד	הַגָּדָה	הִגִּד	אַתָּה	הִשָּׁה

דַּף בְּרָכָה
BLESSING PAGE

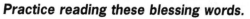

Practice reading these blessing words.

בּוֹרֵא מִינֵי

יְיָ הָעוֹלָם

מֶלֶךְ בָּרוּךְ

שָׂ + מִים = שָׂמִים

בְּשָׂ + מִים = בְּשָׂמִים

מִינֵי בְּשָׂמִים

The sweet scent of roses . . .
The aroma of baking bread . . .
The sharp odor of ammonia . . .
Smells can bring back memories of special feelings, times, and places. At the same time, the act of smelling spices, flowers, fruits, or fragrant woods, like cedar, can be one of life's great, simple pleasures.

This blessing is recited on Saturday night at the end of Shabbat during Havdalah. The smell of sweet spices helps the sweetness of Shabbat to stay with us a little longer. Practice reading this blessing.

On smelling fragrant spices

Blessed are You, Adonai our God,	בָּרוּךְ אַתָּה יְיָ אֱלֹהֵינוּ
Ruler of the universe,	מֶלֶךְ הָעוֹלָם
Creator of various kinds of spices.	בּוֹרֵא מִינֵי בְּשָׂמִים.

אוֹצַר מִלִּים
A TREASURY OF WORDS

בַּיִת

כֶּלֶב

שֻׁלְחָן

חָתוּל

עַל

דָּג

תַּחַת

חַלָּה

בְּ___

יַיִן

Read the passage describing the picture. Cross out the item in the picture
that doesn't belong. Draw the missing item in the correct place.

שַׁבָּת בַּבַּיִת. אַבָּא בַּבַּיִת. אִמָּא בַּבַּיִת.

חָתוּל תַּחַת הַשֻּׁלְחָן. כֶּלֶב תַּחַת הַשֻּׁלְחָן.

חַלָּה עַל הַשֻּׁלְחָן. יַיִן עַל הַשֻּׁלְחָן. דָּג עַל הַשֻּׁלְחָן.

LESSON 2: *A Taste for Blessings*   שִׁעוּר 2

FOCUS ON PHONICS: י ם נ ן פּ ק ר ◌ֲ וּ ◌ִי

KEY WORDS YOU SHOULD KNOW

יָד

אֲנִי

קִדּוּשׁ

יַיִן

פּוּרִים

1. קָם קוּם צִים צוּם נוּ הוּא
2. הָיוּ אָנוּ אֲנִי הִיא צוּר פּוּר
3. גַּם גַּן יָד דָּן בִּינָה מִן
4. שָׁנָה דָּגָן דַּיָּן דִּינָה רַבִּים רַבִּין
5. אוּרִי פּוּגִי צִיצִית קוּמִי נוּמִי אָדָם
6. אֲגָם מַיִם יָדַיִם אֲדָמָה אֲגָדָה אֲדִיקוּת

I HEARD IT THROUGH THE GRAPEVINE

Match the words that sound alike. Connect each bunch of grapes to a leaf.

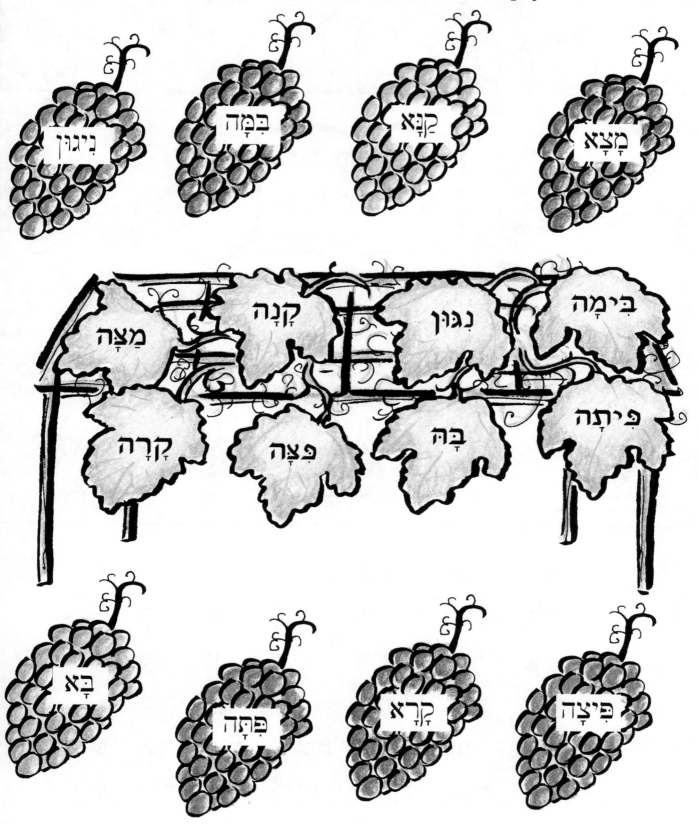

EAT HEALTHY AND HAVE FUN: CLIMB THE FOOD PYRAMID

Start in the lower right hand corner and read the words in each row to a partner. If you make a mistake, start over again. Keep trying until you can climb the food pyramid without making a mistake.

דַּף בְּרָכָה
BLESSING PAGE

Practice reading these blessing words.

פְּרִי

לֶחֶם הָעֵץ

הָאָרֶץ הַגָּפֶן הַמּוֹצִיא

SUPER READING SECRET # 2

Practice being a Super Reader. Blend these words smoothly into phrases.

בָּרוּךְ + אַתָּה + יְיָ = בָּרוּךְ אַתָּה יְיָ

בּוֹרֵא + פְּרִי + הַגָּפֶן = בּוֹרֵא פְּרִי הַגָּפֶן

בּוֹרֵא + פְּרִי + הָעֵץ = בּוֹרֵא פְּרִי הָעֵץ

בּוֹרֵא + פְּרִי + הָאֲדָמָה = בּוֹרֵא פְּרִי הָאֲדָמָה

הַמּוֹצִיא + לֶחֶם + מִן + הָאָרֶץ = הַמּוֹצִיא לֶחֶם מִן הָאָרֶץ

דַף בְּרָכָה
BLESSING PAGE

Special tastes remind us of what happened to our ancestors throughout Jewish history. For example, certain foods at the Passover Seder help us remember that we were slaves in Egypt.

Now, dig into these blessings!

Match each Passover food to the idea it symbolizes.

MORTAR   מַצָּה

SLAVERY IS BITTER   כַּרְפַּס

LEAVING EGYPT QUICKLY   מָרוֹר

SPRINGTIME   חֲרֹסֶת

These two blessings are always said before Shabbat meals. Practice reading these blessings.

Before eating bread

Blessed are You, Adonai our God,

Ruler of the universe,

Who brings forth bread from the earth.

בָּרוּךְ אַתָּה יְיָ אֱלֹהֵינוּ
מֶלֶךְ הָעוֹלָם
הַמּוֹצִיא לֶחֶם מִן הָאָרֶץ.

Before drinking wine or grape juice

Blessed are You, Adonai our God,

Ruler of the universe,

Who creates the fruit of the vine.

בָּרוּךְ אַתָּה יְיָ אֱלֹהֵינוּ
מֶלֶךְ הָעוֹלָם
בּוֹרֵא פְּרִי הַגָּפֶן.

Other blessings for things we eat and drink:

Before eating nuts or fruit from trees

Blessed are You, Adonai our God,

Ruler of the universe,

Who creates the fruit of the tree.

בָּרוּךְ אַתָּה יְיָ אֱלֹהֵינוּ
מֶלֶךְ הָעוֹלָם
בּוֹרֵא פְּרִי הָעֵץ.

Before eating vegetables, fruits, or nuts that grow out of the ground

Blessed are You, Adonai our God,

Ruler of the universe,

Who creates the fruit of the ground.

בָּרוּךְ אַתָּה יְיָ אֱלֹהֵינוּ
מֶלֶךְ הָעוֹלָם
בּוֹרֵא פְּרִי הָאֲדָמָה.

אוֹצַר מִלִּים
A TREASURY OF WORDS

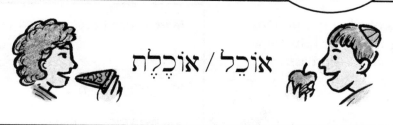

אוֹכֵל / אוֹכֶלֶת

לֶחֶם

עֵץ אֲדָמָה

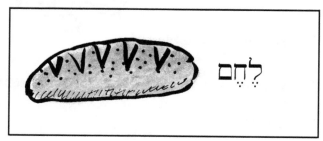

פְּרִי

פְּרִי הָאֲדָמָה =

פֵּרוֹת

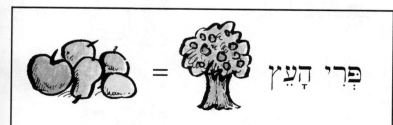

פְּרִי הָעֵץ =

גֶּפֶן

פְּרִי הַגֶּפֶן = יַיִן

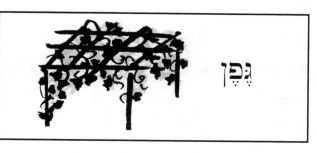

בְּתֵאָבוֹן!

BON APPETIT!

1
2
3
4
5
6
7
8
Write the number of the matching picture after each sentence.

דָּוִד הַמֶּלֶךְ אוֹכֵל פְּרִי. ____

רוּתִי אוֹכֶלֶת לֶחֶם. ____

הַפְּרִי עַל הָעֵץ. ____

רָחֵל אוֹכֶלֶת סָלַט פֵּרוֹת. ____

יֶלֶד אוֹכֵל אֲדָמָה. ____

חָתוּל תַּחַת הַגֶּפֶן. ____

פְּרִי תַּחַת הַלֶּחֶם. ____

לֶחֶם וּפֵרוֹת עַל הָאֲדָמָה. ____

LESSON **3**: *A Feel for Blessings* שִׁעוּר **3**

FOCUS ON PHONICS: ב ו ח ל ְ (silent)

KEY WORDS YOU SHOULD KNOW

חַלָּה	בַּר-מִצְוָה	בַּת-מִצְוָה

1. אָח אָב חַג חוּג שׁוּב אַחֲרִית
2. אָבִיב לָקוּם רָחוּם לָבָן חַלָּה חָלָב
3. חוּפָּה לוּלָב חָלִיל שָׁמְרוּ לִמְדָה דוּגְמָא
4. בַּקְבּוּק הִגְדִּיל הַבְדָּלָה וָו וָתִיק וַאֲנִי
5. פַּרְוָה שַׁלְוָה מִצְוָה שִׁוְתָּה מַלְוָה הַתִּקְוָה
6. חוּמְצָה וַדָּאוּת בִּלְבּוּל קִוְּתָה וַתְּרָנוּת

CRACK THE CODE

Does each word pair sound the same or sound different? Circle the letter in the correct answer column. Then fill the letter answers in the blanks below. The first one has been done as an example.

SOUNDS THE SAME	SOUNDS DIFFERENT	WORD PAIRS		
מִ (circled)	דִ	חֲלָא	חַלָּה	.1
וָ	שָׁ	מַצָּה	מָצָא	.2
תַּ	בַּ	חָוַר	חוֹר	.3
גְ	צְ	בָּבַת	בַּבַּיִת	.4
ר	א	חָוָק	חָבַק	.5
וָ	קָ	אֲבִיר	אֲוִיר	.6
נַ	בַּ	לָאו	לָבִיא	.7
ת	ן	נִמְצָה	נִמְצָא	.8
ם	ה	מַצָּבָה	מִצְוָה	.9

When might a tallit be worn?

___ ___ ___ מִ – ___ ___

9 2 4 1 5 3

___ ___ ___ ___ – ___ ___

9 6 4 1 8 7

BLENDING WRAP-UP

Each stripe below contains one word written three different ways. Share the reading with a partner or a class team. One reads the first half of the word. The other finishes the word.

מִצ וָה	מִצוָה	מִצְוָה
מַשׁ לִים	מַשׁלִים	מַשְׁלִים
חוּמ רָא	חוּמרָא	חוּמְרָא

וַתּ רָן	וַתּרָן	וַתְּרָן
פַּר פָּר	פַּרפָּר	פַּרְפָּר
פִּשׁ תִּים	פִּשׁתִּים	פִּשְׁתִּים

הַב דָּ לָה	הַבדָּלָה	הַבְדָּלָה
חִל חוּל	חִלחוּל	חִלְחוּל
מַב דִּיל	מַבדִּיל	מַבְדִּיל

אַב רָם	אַברָם	אַבְרָם
אַב רָ הָם	אַברָהָם	אַבְרָהָם
הַ תִּק וָה	הַתִּקוָה	הַתִּקְוָה

דַּף בְּרָכָה
BLESSING PAGE

Practice reading these blessing words.

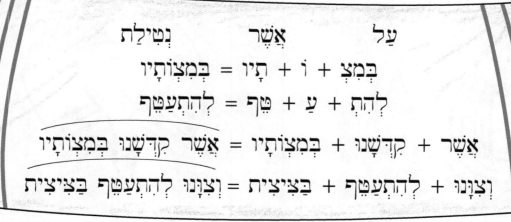

עַל אֲשֶׁר נְטִילַת

בְּמִצְ + וֹ + תָיו = בְּמִצְוֹתָיו

לְהִתְ + עַ + טֵף = לְהִתְעַטֵּף

אֲשֶׁר + קִדְּשָׁנוּ + בְּמִצְוֹתָיו = אֲשֶׁר קִדְּשָׁנוּ בְּמִצְוֹתָיו

וְצִוָּנוּ + לְהִתְעַטֵּף + בַּצִּיצִית = וְצִוָּנוּ לְהִתְעַטֵּף בַּצִּיצִית

Jewish tradition uses touch to communicate important ideas. When we kiss the Torah we are showing our love for it. When we wear a טַלִּית, we wrap ourselves in our tradition. And a כִּפָּה reminds us that God is with us. Now, try these blessings on for size!

A טַלִּית is worn for morning prayer services, and on the evening of Yom Kippur. Practice reading this blessing.

For putting on a טַלִּית

Blessed are You, Adonai our God,	בָּרוּךְ אַתָּה יְיָ אֱלֹהֵינוּ
Ruler of the universe,	מֶלֶךְ הָעוֹלָם
Who has made us special with mitzvot,	אֲשֶׁר קִדְּשָׁנוּ בְּמִצְוֹתָיו
And commanded us wrap ourselves in fringes.	וְצִוָּנוּ לְהִתְעַטֵּף בַּצִּיצִית.

Another blessing for something we touch:

For washing hands

Blessed are You, Adonai our God,	בָּרוּךְ אַתָּה יְיָ אֱלֹהֵינוּ
Ruler of the universe,	מֶלֶךְ הָעוֹלָם
Who has made us special with mitzvot,	אֲשֶׁר קִדְּשָׁנוּ בְּמִצְוֹתָיו
And commanded us to wash our hands.	וְצִוָּנוּ עַל נְטִילַת יָדָיִם.

LANGUAGE ENRICHMENT

אוֹצַר מִלִּים

A TREASURY OF WORDS

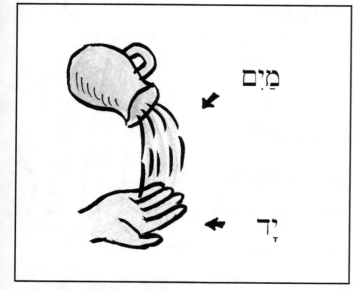

מַיִם

יָד

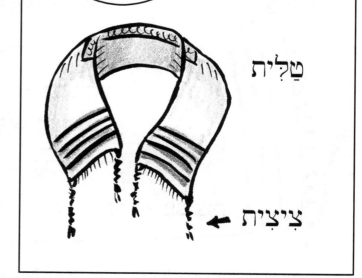

טַלִּית

צִיצִית

יָדַיִם

כִּפָּה

רֹאשׁ

א ב ג
ד ה ו

עִבְרִית

עַל-יַד

the _____ = _____ הַ

LANGUAGE ENRICHMENT

Draw in the missing parts of each picture
so that they match the Hebrew captions.

הַכִּפָּה עַל הָרֹאשׁ.

עִבְרִית עַל הַכִּפָּה.

הַמַּיִם עַל הַיָּדַיִם.

הַכִּפָּה עַל־יַד הַטַּלִּית.

הַצִּיצִית עַל הַטַּלִּית.

הַלֶּחֶם עַל־יַד הַפֵּרוֹת.

הַטַּלִּית בַּיָּדַיִם.

FOCUS ON PHONICS: כּ ס ע שׂ ◌ֶ ◌ֱ ◌ֵ ◌ֵי

KEY WORDS YOU SHOULD KNOW

עִבְרִית

כִּתָּה

יֶלֶד

יִשְׂרָאֵל

1. עַד רַע כָּאן אֶל סֶלַע סִדּוּר
2. אֶחָד יָאֶה כֶּתֶר עֶרֶב שִׂיחָה נָשִׂיא
3. אֱמֶת אֱמוּנָה נֶאֱמָן חֵן שֵׂעָר עֲשֵׂה
4. חֶסֶד קַיָּם פֶּסַח צָמֵא כֶּבֶשׂ כָּשֵׁר
5. שָׁלֵם כִּוֵּן צִיֵּן מִשְׁכָּן עֶצֶם עֵשֶׂב
6. שַׁעֲרֵי עָלֵינוּ פַּרְנָסָה יִשְׂרָאֵל חַיֵּינוּ מַעֲשֵׂה

RHYMES AND REASONS

Put a box around the two words in each line that rhyme.

Example:

שֶׁבֵּין   [בִּינָה]   אֱמוּנֵי   [דִּינָה]

.1	שָׁקֵד	שִׁקֵּר	בִּכֵּר	כִּפּוּר
.2	בִּקֵּר	רִקֵּד	הַשְׁכֵּר	חָקַר
.3	סִקֵּל	כִּוֵּן	מֵבִין	אִכֵּל
.4	קִוִּיתָ	תִּקְוָה	מִקְרָאֵי	מִקְוָה
.5	לְמַדְתֶּם	עֲשִׂיתֶם	עֲשִׂיתֶן	שִׁנַּנְתָּם

Cross out the words that contain the **S** sound.
Write the remaining words in order on the line below.

כַּרְפַּס   עֵשֶׂב   שַׁבָּת   נָשִׂיא   יִשְׂרָאֵל   מַעֲשֶׂה

שָׂרָה   הִסְכִּים   שִׂמְחָה   שָׁלוֹם   עֶשְׂרִים   נַעֲשֶׂה

What do we say on Shabbat?

____

דַּף בְּרָכָה
BLESSING PAGE

Practice reading these blessing words.

עֹשֶׂה   מַעֲשֵׂה

בְּרֵא + שִׁית = בְּרֵאשִׁית

עֹשֶׂה מַעֲשֵׂה

עֹשֶׂה מַעֲשֵׂה בְרֵאשִׁית

בּוֹרֵא

מְאוֹרֵי

הָאֵשׁ

זוֹכֵר   וְקַיָּם

בִּבְרִי + תוֹ = בִּבְרִיתוֹ

וְנֶ + אֱ + מָן = וְנֶאֱמָן

בְּמַאֲ + מָ + רוֹ = בְּמַאֲמָרוֹ

זוֹכֵר הַבְּרִית   וְנֶאֱמָן בִּבְרִיתוֹ

וְקַיָּם בְּמַאֲמָרוֹ

Our eyes can be opened to see a world of great beauty and variety.
At such times it is very natural to express our thanks to the Creator of
such a wonderful world. Now, take a close look at these blessings!

This blessing is recited on Saturday night at the end of Shabbat during Havdalah.
We look at a braided candle with many flames. Practice reading this blessing.

Blessed are You, Adonai our God,

Ruler of the universe,

Who creates the lights of fire.

בָּרוּךְ אַתָּה יְיָ אֱלֹהֵינוּ

מֶלֶךְ הָעוֹלָם

בּוֹרֵא מְאוֹרֵי הָאֵשׁ.

Other blessings for things we see:

On seeing lightning, shooting stars, high mountains, vast deserts,
a sunrise, or other wonders in nature

Blessed are You, Adonai our God,

Ruler of the universe,

Who makes the wonders of creation.

בָּרוּךְ אַתָּה יְיָ אֱלֹהֵינוּ

מֶלֶךְ הָעוֹלָם

עֹשֶׂה מַעֲשֵׂה בְרֵאשִׁית.

On seeing a rainbow

Blessed are You, Adonai our God,

Ruler of the universe,

You remember and are faithful to the covenant,

and keep Your word.

בָּרוּךְ אַתָּה יְיָ אֱלֹהֵינוּ

מֶלֶךְ הָעוֹלָם

זוֹכֵר הַבְּרִית וְנֶאֱמָן בִּבְרִיתוֹ

וְקַיָּם בְּמַאֲמָרוֹ.

LANGUAGE ENRICHMENT

אוֹצַר מִלִּים

A TREASURY OF WORDS

According to Torah, the world was created in six days, and the seventh day was Shabbat. In the boxes below, you will find words associated with each day of Creation and with Shabbat. Circle the Hebrew words you already know. Then learn the others.

יוֹם רִאשׁוֹן	אוֹר	הָאָרֶץ	
יוֹם שֵׁנִי	מַיִם	הָאֲדָמָה	
יוֹם שְׁלִישִׁי	עֵץ	פֵּרוֹת	
יוֹם רְבִיעִי	שֶׁמֶשׁ	יָרֵחַ	
יוֹם חֲמִישִׁי	דָּג	צִפּוֹר	
יוֹם שִׁשִּׁי	קֶנְגוּרוּ חָתוּל אָדָם	זֶבְּרָה גּוֹרִילָה חַוָּה	כֶּלֶב
שַׁבָּת	יַיִן	חַלָּה	נֵרוֹת

LANGUAGE ENRICHMENT

Finish planning your activities for the week. Draw a line from
the Hebrew words and phrases to their matching pictures.

אִמָּא

פֵּרוֹת

לֶחֶם

יוֹם שֵׁנִי

Help Mom with grocery shopping

יוֹם רִאשׁוֹן

Take little sister to the zoo

קֶנְגוּרוּ

דָּג

גּוֹרִילָה

מוֹרָה

סֵפֶר

עִבְרִית

יוֹם רְבִיעִי

Hebrew School

יוֹם שְׁלִישִׁי

Go to the pet shop with Dad

זֶבְרָה

חָתוּל

אַבָּא

יַיִן

נֵרוֹת

חַלָּה

יוֹם שִׁשִּׁי

Family Shabbat dinner

יוֹם חֲמִישִׁי

Go to the park

כֶּלֶב

צִפּוֹר

עֵץ

שַׁבָּת שָׁלוֹם

טַלִּית

שַׁבָּת

David's Bar Mitzvah

תּוֹרָה

כִּפָּה

27   LESSON **4**

דַף קְרִיאָה
READING PAGE

FOCUS ON PHONICS: (voiced) ◌ָ ◌ָ וֹ ף פּ פ ט ז

KEY WORDS YOU SHOULD KNOW

בֵּית-כְּנֶסֶת — בֹּקֶר טוֹב

שָׁלוֹם — סְלִיחָה

אָלֶף — בְּבַקָּשָׁה

סֵפֶר — מַזָּל טוֹב

חֹרֶף	צֹאן	סוֹף	סוֹד	אוֹר	כֶּסֶף	.1
אֲפִילוּ	אֹפֶן	טָרֶף	חַזָּן	זוּג	עֹנֶג	.2
טוֹטָפוֹת	אֲבוֹתֵינוּ	צָהֹב	זָהֹב	בּוֹרֵא	עוֹלָם	.3
טִפְטֵף	תְּפִילָה	צְדָקָה	מְזוֹנוֹת	מְזוּזָה	זְמַן	.4
לְהִתְעַטֵּף	בְּרֵאשִׁית	לְהַדְלִיק	עֶלְיוֹן	תְּפִילִין	זִמְרִיָה	.5
מִתְפַּלֵּל	וְאָהַבְתָּ	תְּרוּעָה	שְׁבָרִים	גְּדוֹלָה	תְּקִיעָה	.6

SHOFAR, SHOW GOOD

SUPER READING SECRET # 3

בּוֹרֵא ← וּבוֹרֵא

מֶלֶךְ ← הַמֶּלֶךְ

Sometimes a dot inside a letter changes its sound, and sometimes it doesn't.
Circle the pairs in which both letters make the same sound.

בּ/ב   י/יּ   מ/מּ   ד/דּ   ת/תּ   פ/פּ

שׁ/שׁ   ג/גּ   שׂ/שׁ   ס/ס   ט/טּ   נ/נּ

Circle the two letters in each שׁוֹפָר that sound the same.

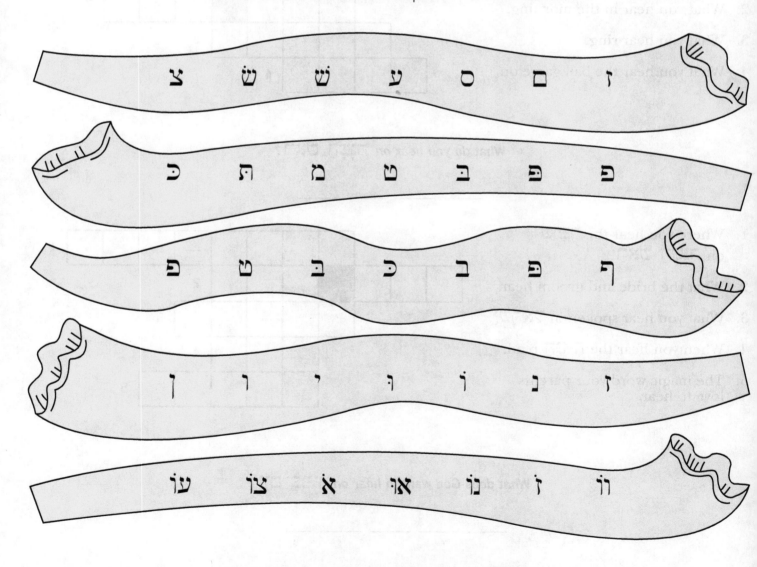

ז ם ס ע שׁ שׂ צ

פ פּ בּ ט מ תּ כּ

ף פּ ב כּ בּ ט פ

ז נ וֹ וּ י ו ן

וֹ זֹ נֹ אֹ צֹ עֹ

29 LESSON **5**

WHAT DO YOU HEAR?

Complete the puzzles using the Hebrew words in the word box.
Write the letters from the shaded boxes on the lines below each puzzle.

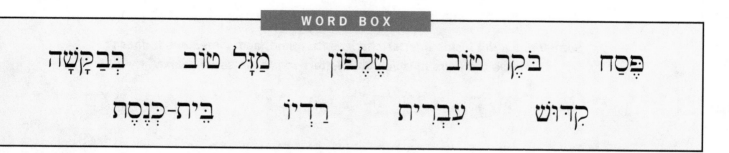

WORD BOX

פֶּסַח   בֹּקֶר טוֹב   טֶלֶפוֹן   מַזָּל טוֹב   בְּבַקָּשָׁה

קִדּוּשׁ   עִבְרִית   רַדְיוֹ   בֵּית-כְּנֶסֶת

1. What you hear before drinking wine on שַׁבָּת.
2. What you hear in the morning.
3. What you hear ring.
4. What you hear the ball game on.

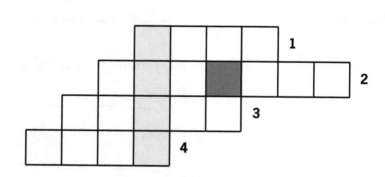

What do you hear on* רֹאשׁ הַשָּׁנָה*?

____ ____ ____ ____

1. Where you hear the שׁוֹפָר on רֹאשׁ הַשָּׁנָה.
2. What the bride and groom hear.
3. What you hear spoken in יִשְׂרָאֵל.
4. When you hear the הַגָּדָה read.
5. The magic word your parents love to hear.

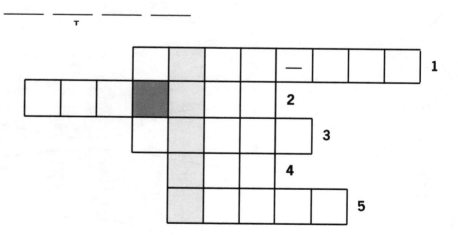

What does God want to hear on* יוֹם כִּפּוּר*?

____ ____ ____ ____ ____

דַּף בְּרָכָה
BLESSING PAGE

At the beginning of a word, the ְ always makes a short "e" sound, as in the word "bed."
Inside a word, the ְ is usually silent, but sometimes it makes a short "e" sound.
Practice blending these blessing words.

בְּמִצְ + וֹ + תָיו = בְּמִצְוֹתָיו = בְּמִצְוֹתָיו

וְצִ + וָּ + נוּ = וְצִוָּנוּ = וְצִוָּנוּ

קִ + דְּשָׁ + נוּ = קִדְּשָׁנוּ = קִדְּשָׁנוּ

לִשְׁ + מוֹ + עַ = לִשְׁמוֹעַ = לִשְׁמוֹעַ

The singing of birds . . . a baby's gurgling laughter . . . the majesty of music . . . the soft pattering of rain . . . the world is filled with special and beautiful sounds for us to hear. Now, keep your ears open for this blessing!

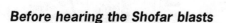

The Shofar is sounded during the High Holy Days.
It is like hearing an alarm clock, waking us up to change our ways.

Before hearing the Shofar blasts

Blessed are You, Adonai our God,	בָּרוּךְ אַתָּה יְיָ אֱלֹהֵינוּ
Ruler of the universe,	מֶלֶךְ הָעוֹלָם
Who makes us special with mitzvot	אֲשֶׁר קִדְּשָׁנוּ בְּמִצְוֹתָיו
and commands us to hear the voice of the Shofar.	וְצִוָּנוּ לִשְׁמוֹעַ קוֹל שׁוֹפָר.

אוֹצַר מִלִּים
A TREASURY OF WORDS

שׁוֹמֵעַ　　שׁוֹמַעַת　　כֵּן　　לֹא

Write כֵּן by each thing that makes a sound.
Write לֹא by each thing that does not make a sound.

יָרֵחַ ______　　חָתוּל ______　　שׁוֹפָר ______

רַדְיוֹ ______　　חַלָּה ______　　עֵץ ______

Check the sentence that best describes each picture.

- ☐ צִפּוֹר בְּמַיִם
- ☐ פֵּרוֹת עַל הָאֲדָמָה
- ☐ רִבְקָה שׁוֹמַעַת מַיִם

- ☐ צִפּוֹר תַּחַת הַשֶּׁמֶשׁ
- ☐ צִפּוֹר תַּחַת הַיָּרֵחַ
- ☐ מַיִם עַל-יַד הָאָרֶץ

- ☐ יַיִן עַל-יַד הַלֶּחֶם
- ☐ דָּנִיאֵל שׁוֹמֵעַ צִפּוֹר
- ☐ יָדַיִם עַל הָרֹאשׁ

- ☐ אֶסְתֵּר שׁוֹמַעַת עִבְרִית
- ☐ אוֹר בַּבַּיִת
- ☐ אֶסְתֵּר אוֹכֶלֶת פֵּרוֹת

LESSON 6: *A Time for Every Purpose* שִׁעוּר 6

FOCUS ON PHONICS: כ ד ץ ◌ֵ ◌ַי ◌ָי

KEY WORDS YOU SHOULD KNOW

עֵץ חַיִּים	בְּרָכָה	מֶלֶךְ	שֻׁלְחָן	חַי

1. דַּי סִינַי קִבּוּץ חָמֵץ הָאָרֶץ אַתְּ
2. חָכָם שֵׂכֶל זוֹכֵר מְלָאכָה רַבּוֹתַי שְׂפָתַי
3. חָמֵשׁ סֻכָּה סֻכּוֹת חֲנֻכָּה מְכֻבָּד מְשָׂגַי
4. מֶלֶךְ לָךְ שֶׁלָּךְ לְךָ שֶׁלְּךָ בֵּיתְךָ
5. וַיְכַל יִמְלוֹךְ מְאֹדֶךָ לְבָבְךָ אֲדוֹנַי אֲדוֹנָי
6. וַיְכֻלּוּ לְהַעֲדִיף מַלְכוּתְךָ מְצַוְּךָ לְהִתְפּוֹצֵץ

EVERYTHING IN ITS PLACE

Fill in the correct form of the missing letters. Use the letters on the right of each line.

כ ך	בְּרָ_ָה	בָּרוּ_ְ	יְבָרֶ_ְ_ָ
צ ץ	הָאֲרָ_וֹת	הָאָרֶ_	אֶרֶ_
פ ף	עֲטִי_ָה	לְהִתְעַטֵּ_	עָטַ_
נ ן	אָמֵ_	_ֶאֱמָ_	אֱמוּ_ָה
מ ם	הָעוֹלָ_	בְּעוֹלָ_וֹ	עוֹלָ_ִי

Unscramble the letters to make a word you know. Write the word's number under the picture it matches. Number 1 has been done for you.

1. ה כּ ח נ י = חֲ נֻ כִּ יָּ ה
2. י מ ם = ___ ___ ___
3. ד י י ם = ___ ___ ___ ___
4. כּ ה ס = ___ ___ ___
5. י בּ ת = ___ ___ ___
6. נ י י ס = ___ ___ ___ ___
7. כּ נ ח ה = ___ ___ ___ ___
8. כּ ס ת ו = ___ ___ ___ ___

____

____

____

____

____

____

1

____

TORCH RELAY

Every year during חֲנֻכָּה, a relay race is held in Israel from מוֹדִיעִין to יְרוּשָׁלַיִם.

How quickly can you read these words? To improve your speed, try this:

1. Have a partner time you as you read.

2. If you make a mistake, your partner should say, "Try again." Then you must read that word correctly to continue.

3. Write down how long it took you to reach יְרוּשָׁלַיִם.

4. Read the words again. See if you can improve your time.

MY TIMES	
1st try	_____
2nd try	_____
3rd try	_____

דַף בְּרָכָה
BLESSING PAGE

Practice reading these blessing words and phrases.

שֶׁ + הֶחֱ + יָ + נוּ = שֶׁהֶחֱיָנוּ

וְקִ + יְמָ + נוּ = וְקִיְמָנוּ

וְה + גִּי + עָ + נוּ = וְהִגִּיעָנוּ

שֶׁהֶחֱיָנוּ וְקִיְמָנוּ וְהִגִּיעָנוּ

לִזְמַן + הַזֶּה = לִזְמַן הַזֶּה

Some blessings mark special moments in our lives.

Find the words below that contain the word זְמַן. *How many did you find?* _____

What does the word זְמַן *mean? (Hint: take a look at the cover of this book.)* _____

For something done for the first time in at least a year

Blessed are You, Adonai our God,

Ruler of the universe,

Who has kept us alive and preserved us,

and brought us to this time.

בָּרוּךְ אַתָּה יְיָ אֱלֹהֵינוּ
מֶלֶךְ הָעוֹלָם
שֶׁהֶחֱיָנוּ וְקִיְמָנוּ
וְהִגִּיעָנוּ לִזְמַן הַזֶּה.

On holidays that celebrate miracles

Blessed are You, Adonai our God,

Ruler of the universe,

Who did miracles for our ancestors

in those days at this time.

בָּרוּךְ אַתָּה יְיָ אֱלֹהֵינוּ
מֶלֶךְ הָעוֹלָם
שֶׁעָשָׂה נִסִּים לַאֲבוֹתֵינוּ
בַּיָמִים הָהֵם בַּזְמַן הַזֶּה.

דַּף בְּרָכָה
BLESSING PAGE

Practice reading these blessing words and phrases.

אֲשֶׁר + קִדְּשָׁנוּ + בְּמִצְוֹתָיו = אֲשֶׁר קִדְּשָׁנוּ בְּמִצְוֹתָיו

וְצִוָּנוּ + לְהַדְלִיק + נֵר = וְצִוָּנוּ לְהַדְלִיק נֵר

The blessings in this section are a little longer. When we do special Jewish actions called מִצְוֹת, another phrase is added. Find the added phrases in each blessing and underline it. Find the word in each blessing that contains the word מִצְוֹת. Practice reading these blessings.

For lighting Shabbat candles

Blessed are You, Adonai our God,

Ruler of the universe,

Who makes us special with mitzvot

and commands us to kindle the lights of Shabbat.

בָּרוּךְ אַתָּה יְיָ אֱלֹהֵינוּ
מֶלֶךְ הָעוֹלָם
אֲשֶׁר קִדְּשָׁנוּ בְּמִצְוֹתָיו
וְצִוָּנוּ לְהַדְלִיק נֵר שֶׁל שַׁבָּת.

For lighting Chanukah candles

Blessed are You, Adonai our God,

Ruler of the universe,

Who makes us special with mitzvot

and commands us to kindle the Chanukah lights.

בָּרוּךְ אַתָּה יְיָ אֱלֹהֵינוּ
מֶלֶךְ הָעוֹלָם
אֲשֶׁר קִדְּשָׁנוּ בְּמִצְוֹתָיו
וְצִוָּנוּ לְהַדְלִיק נֵר שֶׁל חֲנֻכָּה.

For lighting festival candles

Blessed are You, Adonai our God,

Ruler of the universe,

Who makes us special with mitzvot

and commands us to kindle the festival lights.

בָּרוּךְ אַתָּה יְיָ אֱלֹהֵינוּ
מֶלֶךְ הָעוֹלָם
אֲשֶׁר קִדְּשָׁנוּ בְּמִצְוֹתָיו
וְצִוָּנוּ לְהַדְלִיק נֵר שֶׁל יוֹם טוֹב.

LANGUAGE ENRICHMENT

אוֹצַר מִלִּים
A TREASURY OF WORDS

בַּיִת

בֵּית-סֵפֶר

בֵּית-כְּנֶסֶת

מִשְׁפָּחָה

אַבָּא אִמָּא יֶלֶד יַלְדָּה

מוֹרֶה מוֹרָה

רַבִּי

סֵפֶר

חַזָּן

מְזוּזָה

כִּתָּה

תּוֹרָה

שֻׁלְחָן

עִפָּרוֹן

בִּימָה

כִּסֵּא

מַחְבֶּרֶת

סִדּוּר

LANGUAGE ENRICHMENT

Circle all the words that belong to each place.

בֵּית-סֵפֶר

כִּתָּה	רַבִּי
מַחְבֶּרֶת	סֵפֶר
אִמָּא	יַלְדָּה
מוֹרֶה	יֶלֶד
חַזָּן	חָתוּל
עִפָּרוֹן	מוֹרָה

בַּיִת

כִּסֵּא	שֻׁלְחָן
חָתוּל	תּוֹרָה
יַלְדָּה	אִמָּא
מְזוּזָה	חַזָּן
אַבָּא	בִּימָה
כֶּלֶב	רַבִּי

בֵּית-כְּנֶסֶת

חַזָּן	יֶלֶד
בִּימָה	מְזוּזָה
אִמָּא	כֶּלֶב
מוֹרָה	כִּתָּה
רַבִּי	סִדּוּר
מוֹרֶה	תּוֹרָה

Look at the pictures. Use the words in the treasure chest to complete the captions in Hebrew. (Hint: if you don't remember what the words in the chest mean, look back to pages 7 and 20.) Then recite a blessing that could be said in each situation.

עַל
תַּחַת
בְּ___
עַל-יַד

1. הַמִּשְׁפָּחָה ______בַּיִת.
2. הַמִּשְׁפָּחָה ______ הַשֻּׁלְחָן.
3. הַחַלָּה ______ הַשֻּׁלְחָן.
4. הַכֶּלֶב ______ הַשֻּׁלְחָן.

5. הַמִּשְׁפָּחָה ______סֻכָּה.
6. הַכֶּלֶב ______ הַסֻּכָּה.
7. הַצִּפּוֹר ______ הַסֻּכָּה.

8. הַמִּשְׁפָּחָה ______ הַשֻּׁלְחָן.
9. הַחֲנֻכִּיָּה ______ הַשֻּׁלְחָן.
10. הַנֵּרוֹת ______חֲנֻכִּיָּה.
11. הֶחָתוּל ______ הַחֲנֻכִּיָּה.

מַזָּל טוֹב!

You have now finished this Hebrew review book. You can read all of the blessings in this book, and you are ready to learn the prayers in the worship service.

Blessings are the building blocks of Jewish prayer. Understanding them will help you as you make your way through the service.

In the Talmud, the Rabbis called prayer "a service of the heart." The game below will help you find the key to unlocking your Jewish heart.

Play this game with two partners. Choose your key and take turns reading. If you make a mistake, you must start over. The first to open all the locks wins.

"Language is the key to a nation's heart."
(Chaim Nachman Bialik, "Father" of modern Hebrew poetry)

APPENDIX: *Blessings*

MY בְּרָכוֹת AROUND THE YEAR

שַׁבָּת

***For the beginning of* שַׁבָּת**

Blessed are You, Adonai our God,
Ruler of the universe,
Who makes us special with mitzvot
and commands us to kindle the lights of Shabbat.

בָּרוּךְ אַתָּה יְיָ אֱלֹהֵינוּ
מֶלֶךְ הָעוֹלָם
אֲשֶׁר קִדְּשָׁנוּ בְּמִצְוֹתָיו
וְצִוָּנוּ לְהַדְלִיק נֵר שֶׁל שַׁבָּת.

Blessed are You, Adonai our God,
Ruler of the universe,
Who creates the fruit of the vine.

בָּרוּךְ אַתָּה יְיָ אֱלֹהֵינוּ
מֶלֶךְ הָעוֹלָם
בּוֹרֵא פְּרִי הַגָּפֶן.

Blessed are You, Adonai our God,
Ruler of the universe,
Who makes us special with mitzvot
and takes delight in us.
In love and favor You have given us
the sacred day of Shabbat as our heritage,
a reminder of the work of creation.
It is the first of our sacred days,
recalling our liberation from Egypt.
For You have chosen us
and set us apart from all peoples,
with love and favor You have given us Shabbat
as a sacred heritage.
Blessed are You, Adonai,
Who makes Shabbat sacred.

בָּרוּךְ אַתָּה יְיָ אֱלֹהֵינוּ
מֶלֶךְ הָעוֹלָם
אֲשֶׁר קִדְּשָׁנוּ בְּמִצְוֹתָיו
וְרָצָה בָנוּ
וְשַׁבַּת קָדְשׁוֹ בְּאַהֲבָה וּבְרָצוֹן
הִנְחִילָנוּ
זִכָּרוֹן לְמַעֲשֵׂה בְרֵאשִׁית.
כִּי הוּא יוֹם תְּחִלָּה לְמִקְרָאֵי קֹדֶשׁ
זֵכֶר לִיצִיאַת מִצְרָיִם
כִּי-בָנוּ בָחַרְתָּ
וְאוֹתָנוּ קִדַּשְׁתָּ מִכָּל-הָעַמִּים
וְשַׁבַּת קָדְשְׁךָ בְּאַהֲבָה וּבְרָצוֹן
הִנְחַלְתָּנוּ
בָּרוּךְ אַתָּה יְיָ
מְקַדֵּשׁ הַשַּׁבָּת.

Blessed are You, Adonai our God,
Ruler of the universe,
Who brings forth bread from the earth.

בָּרוּךְ אַתָּה יְיָ אֱלֹהֵינוּ
מֶלֶךְ הָעוֹלָם
הַמּוֹצִיא לֶחֶם מִן הָאָרֶץ.

הַבְדָּלָה

For the end of שַׁבָּת

Blessed are You, Adonai our God,

Ruler of the universe,

Who creates the fruit of the vine.

בָּרוּךְ אַתָּה יְיָ אֱלֹהֵינוּ
מֶלֶךְ הָעוֹלָם
בּוֹרֵא פְּרִי הַגָּפֶן.

Blessed are You, Adonai our God,

Ruler of the universe,

Creator of various kinds of spices.

בָּרוּךְ אַתָּה יְיָ אֱלֹהֵינוּ
מֶלֶךְ הָעוֹלָם
בּוֹרֵא מִינֵי בְשָׂמִים.

Blessed are You, Adonai our God,

Ruler of the universe,

Who creates the lights of fire.

בָּרוּךְ אַתָּה יְיָ אֱלֹהֵינוּ
מֶלֶךְ הָעוֹלָם
בּוֹרֵא מְאוֹרֵי הָאֵשׁ.

Blessed are You, Adonai our God,

Ruler of the universe,

Who separates the sacred from the ordinary,

light from darkness,

Israel from the other nations,

the seventh day from the six work days.

Blessed are You, Adonai,

Who separates the sacred from the ordinary.

בָּרוּךְ אַתָּה יְיָ אֱלֹהֵינוּ
מֶלֶךְ הָעוֹלָם
הַמַּבְדִּיל בֵּין קֹדֶשׁ לְחוֹל
בֵּין אוֹר לְחֹשֶׁךְ
בֵּין יִשְׂרָאֵל לָעַמִּים
בֵּין יוֹם הַשְּׁבִיעִי לְשֵׁשֶׁת יְמֵי הַמַּעֲשֶׂה.
בָּרוּךְ אַתָּה יְיָ
הַמַּבְדִּיל בֵּין קֹדֶשׁ לְחוֹל.

רֹאשׁ הַשָּׁנָה/סֻכּוֹת

For lighting festival candles

Blessed are You, Adonai our God,

Ruler of the universe,

Who makes us special with mitzvot

and commands us to kindle the festival lights.

בָּרוּךְ אַתָּה יְיָ אֱלֹהֵינוּ
מֶלֶךְ הָעוֹלָם
אֲשֶׁר קִדְּשָׁנוּ בְּמִצְוֹתָיו
וְצִוָּנוּ לְהַדְלִיק נֵר שֶׁל יוֹם טוֹב.

Recited on the first day of every holiday

Blessed are You, Adonai our God,

Ruler of the universe,

Who has kept us alive and preserved us,

and brought us to this time.

בָּרוּךְ אַתָּה יְיָ אֱלֹהֵינוּ
מֶלֶךְ הָעוֹלָם
שֶׁהֶחֱיָנוּ וְקִיְּמָנוּ
וְהִגִּיעָנוּ לַזְּמַן הַזֶּה.

For sitting in a Sukkah

Blessed are You, Adonai our God,

Ruler of the universe,

Who makes us special with mitzvot

And commands us to dwell in the sukkah.

בָּרוּךְ אַתָּה יְיָ אֱלֹהֵינוּ
מֶלֶךְ הָעוֹלָם
אֲשֶׁר קִדְּשָׁנוּ בְּמִצְוֹתָיו
וְצִוָּנוּ לֵישֵׁב בַּסֻּכָּה.

For waving the Lulav

Blessed are You, Adonai our God,

Ruler of the universe,

Who makes us special with mitzvot

and commands us to wave the lulav.

בָּרוּךְ אַתָּה יְיָ אֱלֹהֵינוּ
מֶלֶךְ הָעוֹלָם
אֲשֶׁר קִדְּשָׁנוּ בְּמִצְוֹתָיו
וְצִוָּנוּ עַל נְטִילַת לוּלָב.

חֲנֻכָּה

For lighting Chanukah candles

Blessed are You, Adonai our God,

Ruler of the universe,

Who makes us special with mitzvot

and commands us to kindle the Chanukah lights.

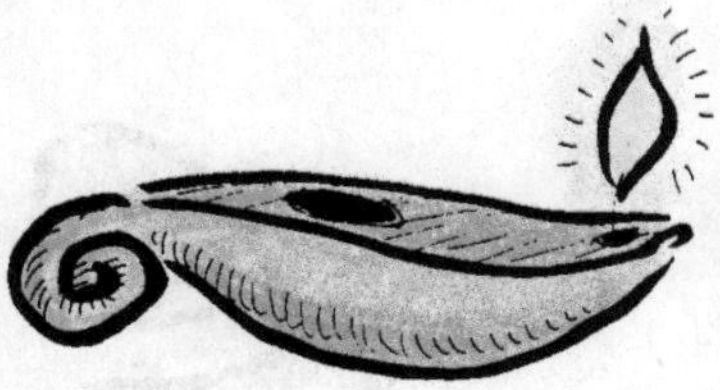

בָּרוּךְ אַתָּה יְיָ אֱלֹהֵינוּ

מֶלֶךְ הָעוֹלָם

אֲשֶׁר קִדְּשָׁנוּ בְּמִצְוֹתָיו

וְצִוָּנוּ לְהַדְלִיק נֵר שֶׁל חֲנֻכָּה.

On holidays that celebrate miracles

Blessed are You, Adonai our God,

Ruler of the universe,

Who did miracles for our ancestors

in those days at this time.

בָּרוּךְ אַתָּה יְיָ אֱלֹהֵינוּ

מֶלֶךְ הָעוֹלָם

שֶׁעָשָׂה נִסִּים לַאֲבוֹתֵינוּ

בַּיָּמִים הָהֵם בַּזְּמַן הַזֶּה.

Recited on the first evening only

Blessed are You, Adonai our God,

Ruler of the universe,

Who has kept us alive and preserved us,

and brought us to this time.

בָּרוּךְ אַתָּה יְיָ אֱלֹהֵינוּ

מֶלֶךְ הָעוֹלָם

שֶׁהֶחֱיָנוּ וְקִיְּמָנוּ

וְהִגִּיעָנוּ לַזְּמַן הַזֶּה.

פּוּרִים

For reading the Megillah

Blessed are You, Adonai our God,

Ruler of the universe,

Who makes us special with mitzvot

and commands us to read the Megillah.

בָּרוּךְ אַתָּה יְיָ אֱלֹהֵינוּ

מֶלֶךְ הָעוֹלָם

אֲשֶׁר קִדְּשָׁנוּ בְּמִצְוֹתָיו

וְצִוָּנוּ עַל מִקְרָא מְגִלָּה.

Blessed are You, Adonai our God,

Ruler of the universe,

Who did miracles for our ancestors

in those days at this time.

בָּרוּךְ אַתָּה יְיָ אֱלֹהֵינוּ

מֶלֶךְ הָעוֹלָם

שֶׁעָשָׂה נִסִּים לַאֲבוֹתֵינוּ

בַּיָּמִים הָהֵם בַּזְּמַן הַזֶּה.

Blessed are You, Adonai our God,

Ruler of the universe,

Who has kept us alive and preserved us,

and brought us to this time.

בָּרוּךְ אַתָּה יְיָ אֱלֹהֵינוּ

מֶלֶךְ הָעוֹלָם

שֶׁהֶחֱיָנוּ וְקִיְּמָנוּ

וְהִגִּיעָנוּ לַזְּמַן הַזֶּה.

פֶּסַח

For lighting festival candles

Blessed are You, Adonai our God,
Ruler of the universe,
Who makes us special with mitzvot
and commands us to kindle the festival lights.

בָּרוּךְ אַתָּה יְיָ אֱלֹהֵינוּ
מֶלֶךְ הָעוֹלָם
אֲשֶׁר קִדְּשָׁנוּ בְּמִצְוֹתָיו
וְצִוָּנוּ לְהַדְלִיק נֵר שֶׁל יוֹם טוֹב.

Before drinking wine or grape juice

Blessed are You, Adonai our God,
Ruler of the universe,
Who creates the fruit of the vine.

בָּרוּךְ אַתָּה יְיָ אֱלֹהֵינוּ
מֶלֶךְ הָעוֹלָם
בּוֹרֵא פְּרִי הַגָּפֶן.

Blessed are You, Adonai our God,
Ruler of the universe,
Who has kept us alive and preserved us,
and brought us to this time.

בָּרוּךְ אַתָּה יְיָ אֱלֹהֵינוּ
מֶלֶךְ הָעוֹלָם
שֶׁהֶחֱיָנוּ וְקִיְּמָנוּ
וְהִגִּיעָנוּ לַזְּמַן הַזֶּה.

Before eating מַצָּה

Blessed are You, Adonai our God,
Ruler of the universe,
Who brings forth bread from the earth.

בָּרוּךְ אַתָּה יְיָ אֱלֹהֵינוּ
מֶלֶךְ הָעוֹלָם
הַמּוֹצִיא לֶחֶם מִן הָאָרֶץ.

Blessed are You, Adonai our God,
Ruler of the universe,
Who makes us special with mitzvot
and commands us to eat matzah.

בָּרוּךְ אַתָּה יְיָ אֱלֹהֵינוּ
מֶלֶךְ הָעוֹלָם
אֲשֶׁר קִדְּשָׁנוּ בְּמִצְוֹתָיו
וְצִוָּנוּ עַל אֲכִילַת מַצָּה.

For eating bitter herbs

Blessed are You, Adonai our God,
Ruler of the universe,
Who makes us special with mitzvot
and commands us to eat bitter herbs.

בָּרוּךְ אַתָּה יְיָ אֱלֹהֵינוּ
מֶלֶךְ הָעוֹלָם
אֲשֶׁר קִדְּשָׁנוּ בְּמִצְוֹתָיו
וְצִוָּנוּ עַל אֲכִילַת מָרוֹר.

For putting up a mezuzah

Blessed are You, Adonai our God,
Ruler of the universe,
Who makes us special with mitzvot
and commands us to hang a mezuzah.

בָּרוּךְ אַתָּה יְיָ אֱלֹהֵינוּ
מֶלֶךְ הָעוֹלָם
אֲשֶׁר קִדְּשָׁנוּ בְּמִצְוֹתָיו
וְצִוָּנוּ לִקְבּוֹעַ מְזוּזָה.

For Jewish study

Blessed are You, Adonai our God,
Ruler of the universe,
Who makes us special with mitzvot,
And commands us to be busy
with Torah study.

בָּרוּךְ אַתָּה יְיָ אֱלֹהֵינוּ
מֶלֶךְ הָעוֹלָם
אֲשֶׁר קִדְּשָׁנוּ בְּמִצְוֹתָיו
וְצִוָּנוּ לַעֲסוֹק בְּדִבְרֵי תוֹרָה.

For putting תְּפִלִּין on the arm

Blessed are You, Adonai our God,
Ruler of the universe,
Who has made us special with mitzvot,
And has commanded us to lay tefillin.

בָּרוּךְ אַתָּה יְיָ אֱלֹהֵינוּ
מֶלֶךְ הָעוֹלָם
אֲשֶׁר קִדְּשָׁנוּ בְּמִצְוֹתָיו
וְצִוָּנוּ לְהָנִיחַ תְּפִלִּין.

For putting תְּפִלִּין on the head

Blessed are You, Adonai our God,
Ruler of the universe,
Who has made us special with mitzvot,
And has commanded us about the
mitzvah of tefillin.

בָּרוּךְ אַתָּה יְיָ אֱלֹהֵינוּ
מֶלֶךְ הָעוֹלָם
אֲשֶׁר קִדְּשָׁנוּ בְּמִצְוֹתָיו
וְצִוָּנוּ עַל מִצְוַת תְּפִלִּין.

OTHER BLESSINGS FOR THINGS WE EAT AND DRINK

Before eating foods that are made from grain other than bread

Blessed are You, Adonai our God,
Ruler of the universe,
Who creates all kinds of foods.

בָּרוּךְ אַתָּה יְיָ אֱלֹהֵינוּ
מֶלֶךְ הָעוֹלָם
בּוֹרֵא מִינֵי מְזוֹנוֹת.

Before eating foods that do not grow directly out of the ground

Blessed are You, Adonai our God,
Ruler of the universe,
by Whose word all things exist.

בָּרוּךְ אַתָּה יְיָ אֱלֹהֵינוּ
מֶלֶךְ הָעוֹלָם
שֶׁהַכֹּל נִהְיָה בִּדְבָרוֹ.

OTHER BLESSINGS FOR THINGS WE SEE AND HEAR

On seeing an exceptionally beautiful tree or creature

Blessed are You, Adonai our God,
Ruler of the universe,
Who makes things like this in Your world.

בָּרוּךְ אַתָּה יְיָ אֱלֹהֵינוּ
מֶלֶךְ הָעוֹלָם
שֶׁכָּכָה לּוֹ בְּעוֹלָמוֹ.

On seeing trees in bloom for the first time in the year

Blessed are You, Adonai our God,
Ruler of the universe,
Who did not withold anything from the world,
filling it with good creatures and
good trees for people to enjoy.

בָּרוּךְ אַתָּה יְיָ אֱלֹהֵינוּ
מֶלֶךְ הָעוֹלָם
שֶׁלֹּא חִסַּר בְּעוֹלָמוֹ דָּבָר
וּבָרָא בוֹ בְּרִיּוֹת טוֹבוֹת
וְאִילָנוֹת טוֹבִים לְהַנּוֹת בָּהֶם בְּנֵי אָדָם.

On hearing good news

Blessed are You, Adonai our God,
Ruler of the universe,
Who is and does good.

בָּרוּךְ אַתָּה יְיָ אֱלֹהֵינוּ
מֶלֶךְ הָעוֹלָם
הַטּוֹב וְהַמֵּטִיב.

On hearing bad news

Blessed are You, Adonai our God,
Ruler of the universe,
The true judge.

בָּרוּךְ אַתָּה יְיָ אֱלֹהֵינוּ
מֶלֶךְ הָעוֹלָם
דַּיַּן הָאֱמֶת.

Dictionary

מִלּוֹן

א	LESSON	
אַבָּא	(1)	________________
אָדָם	(4)	________________
אֲדָמָה	(2)	________________
אוֹכֵל	(2)	________________
אוֹכֶלֶת	(2)	________________
אִמָּא	(1)	________________
אֲנִי	(2)	________________
אוֹר	(4)	________________
בּ		
בְּ___	(1)	________________
בְּבַקָּשָׁה	(5)	________________
בִּימָה	(6)	________________
בַּיִת	(1)	________________
בֵּית-כְּנֶסֶת	(5)	________________
בֵּית-סֵפֶר	(6)	________________
בֹּקֶר טוֹב	(5)	________________
בְּרָכָה	(6)	________________
ג		
גּוֹרִילָה	(4)	________________
גֶּפֶן	(2)	________________
ד		
דָּג	(1)	________________
ה		
הַ___	(3)	________________
הָאָרֶץ	(4)	________________
ז		
זֶבְּרָה	(4)	________________

ח	LESSON	
חַוָּה	(4)	________________
חַזָּן	(6)	________________
חַי	(6)	________________
חַלָּה	(1)	________________
חָתוּל	(1)	________________
ט		
טַלִּית	(3)	________________
י		
יָד	(2)	________________
יָדַיִם	(3)	________________
יוֹם	(4)	________________
יוֹם חֲמִישִׁי	(4)	________________
יוֹם רִאשׁוֹן	(4)	________________
יוֹם רְבִיעִי	(4)	________________
יוֹם שְׁלִישִׁי	(4)	________________
יוֹם שִׁשִּׁי	(4)	________________
יוֹם שֵׁנִי	(4)	________________
יַיִן	(1)	________________
יֶלֶד	(4)	________________
יַלְדָּה	(6)	________________
יָרֵחַ	(4)	________________
יִשְׂרָאֵל	(4)	________________
כּ		
כֶּלֶב	(1)	________________
כֵּן	(5)	________________
כִּסֵּא	(6)	________________
כִּפָּה	(3)	________________
כִּתָּה	(4)	________________

	LESSON	
ל		
לֹא	(5)	________________
לֶחֶם	(2)	________________
מ		
מוֹרֶה	(6)	________________
מוֹרָה	(6)	________________
מְזוּזָה	(6)	________________
מַזָּל טוֹב	(5)	________________
מַחְבֶּרֶת	(6)	________________
מַיִם	(3)	________________
מֶלֶךְ	(2)	________________
מִשְׁפָּחָה	(6)	________________
נ		
נֵרוֹת	(4)	________________
ס		
סִדּוּר	(6)	________________
סֻכָּה	(6)	________________
סְלִיחָה	(5)	________________
סֵפֶר	(5)	________________
ע		
עִבְרִית	(3)	________________
עַל	(1)	________________
עַל-יַד	(3)	________________
עִפָּרוֹן	(6)	________________
עֵץ	(2)	________________
עֵץ חַיִּים	(6)	________________

	LESSON	
פ		
פּוּרִים	(2)	________________
פֵּרוֹת	(2)	________________
פְּרִי	(2)	________________
פְּרִי הָאֲדָמָה	(2)	________________
פְּרִי הַגֶּפֶן	(2)	________________
פְּרִי הָעֵץ	(2)	________________
צ		
צִיצִית	(3)	________________
צִפּוֹר	(4)	________________
ק		
קֶנְגּוּרוּ	(4)	________________
ר		
רַבִּי	(6)	________________
רֹאשׁ	(3)	________________
שׁ		
שַׁבָּת	(1)	________________
שׁוֹמֵעַ	(5)	________________
שׁוֹמַעַת	(5)	________________
שָׁלוֹם	(5)	________________
שֻׁלְחָן	(1)	________________
שֶׁמֶשׁ	(4)	________________
ת		
תּוֹרָה	(6)	________________
תַּחַת	(1)	________________